### 원작 탁주쪼꼬

로블록스와 마인크래프트를 비롯한 다양한 게임 콘텐츠로 친구님들에게 웃음과 감동을 전하는 인기 유튜브 채널이에요. 장난꾸러기 탁주와 귀여운 쪼꼬의 유쾌발랄 케미는 남녀노소를 사로잡으며, 128만 명의 친구님들과 함께 특별한 순간을 만들어 가고 있어요.

### 글 서후

만화 창작 일러스트를 전공한 뒤 다양한 분야에서 활동하며 특유의 재치로 재미와 웃음이 가득한 만화를 연출하고 있어요. 대표작으로는 《슈뻘맨의 숨은 과학 찾기》 시리즈, 《빨간 내복 야코》 시리즈, 《소맥거핀의 인체 친구들》 시리즈, 《민쩌미》 시리즈 등이 있어요.

### 그림 임혜영

디자인 스튜디오를 운영하면서 그림을 그리고 있어요. 초등 과학 교과서에 수록되는 삽화를 시작으로 다양한 어린이 학습 일러스트를 그리고 있어요. 어린이들에게 필요한 지식을 만화로 전달하는 작업에 보람을 느끼며 즐겁게 작업하고 있어요.

### 감수 김희목 (KAIST 과학영재교육연구원)

강원대학교 및 인하대학교의 전임연구원을 거쳐, 현재는 KAIST 과학영재교육연구원에서 과학 교육 콘텐츠를 만들고 있어요. 과학 영재 교육 프로그램을 개발하였고, 현재는 과학도를 위한 미래 문제 해결 프로그램에 관심을 가지고 연구하고 있어요.

### 감수 샌드박스네트워크

최근 각광받고 있는 MCN 업계의 선두 주자예요. '크리에이터들의 상상력으로 세상 모두를 즐겁게!'라는 비전을 가지고 크리에이터가 자신의 창의력과 능력을 마음껏 발휘하는 디지털 문화 생태계를 만들어 가고 있어요. 대표 크리에이터로는 도티, 슈뻘맨, 총몇명, 옐언니, 뚜식이 등이 있어요.

**차례**

# 한살이를 완성하라!

**1화** 알에서 나온 그대 ··· 10

**2화** 잘못된 조언 ··· 28

**3화** 1등의 자리를 노리는 사람들 ··· 48

⭐ 실험실 친구들을 소개합니다 삼각 플라스크 ··· 68
⭐ 탁주의 과학 용어 배틀 여러해살이 식물 vs 한해살이 식물 ··· 70
⭐ 탁주의 방 탈출 숨은 단어 찾기 ··· 72

**교과 연계** | 초등 3학년 1학기 **4. 생물의 한살이**

# Step 2

## 동물과 식물의 생존 비법으로 미션 해결!

**1화 엄마의 필살기** ··· 76

**2화 작아진 탁주와 쪼꼬** ··· 96

**3화 코인 줄게 알약 다오** ··· 106

**4화 사막의 낮과 밤** ··· 126

**5화 산타를 찾는 자, TMI를 견뎌라** ··· 146

⭐ **실험실 친구들을 소개합니다** 핫플레이트 ··· 162

⭐ **쪼꼬의 베스트 오브 베스트!** 세계에서 가장 위험한 동물은? ··· 164

⭐ **탁주의 방 탈출** 사라진 동물 찾기 ··· 166

정답 | 168

교과 연계 | 초등 3학년 1학기 **2. 동물의 생활  3. 식물의 생활**

# 1 알에서 나온 그대

탁주와 쪼꼬가 한창 즐거운 시간을 보내는 동안 아리는 남매의 지저분한 방을 청소하고 있었어.

깨끗해져라~

"아하! 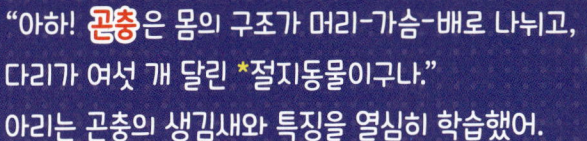은 몸의 구조가 머리-가슴-배로 나뉘고, 다리가 여섯 개 달린 *절지동물이구나."
아리는 곤충의 생김새와 특징을 열심히 학습했어.

* 절지동물 : 척추가 없고 단단한 껍질 또는 껍데기로 둘러싸인 몸에 여러 마디로 이루어진 다리가 달린 동물.

우리 주변에는 잠자리, 무당벌레, 장수풍뎅이, 꿀벌 같은 곤충이 살고 있군.

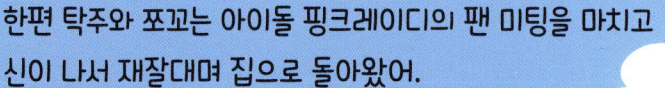

탁주는 메시지를 보고 깜짝 놀랐어.
국영수가 탁주의 기록을 *경신했다는 내용이었거든.

*경신 : 이미 세운 기록을 깨뜨림.

탁주의 첫 번째 미션은 씨앗 심기!
'씨앗 심기' 버튼을 클릭하자 흙이 든 화분과 씨앗이 나타났어.

한편 쪼꼬는 나비의 알을 찾고 있었어.

도대체 나비 알은 어떻게 생긴 거야? 못 찾겠어!

쪼꼬가 갈피를 잡지 못하자 아리가 쪼꼬에게 단서를 알려 주었어.
"배추흰나비의 알은 노랗고 길쭉한 모양이며
배추나 케일 같은 식물의 잎 뒷면에 있습니다.
매우 작아서 찾기 어렵죠."

진짜 잎 뒷면에 있네? 고마워, 아리야!

 **잘못된 조언**

며칠 후 탁주는 심각한 고민에 빠졌어.
아무리 기다려도 토마토의 싹이 나지 않았거든.

영수야! 내가 방울토마토를 키우는데 씨앗을 심은 지 며칠이 지나도 싹이 안 나. 물도 듬뿍 줬는데 뭐가 문제일까?

혹시 씨앗을 너무 깊게 심은 거 아니야? 씨앗 크기의 2배 정도 되는 깊이가 적당해.

그래? 씨앗을 다시 심어 봐야겠다. 고마워!

국영수는 탁주의 귀여운 토마토를 보고 괜히 심술이 났어.
그래서 자기도 모르게 도움을 주는 척 거짓말을 했지.
"방울토마토가 잘 자라려면 한 시간마다 물을 줘야 해."
"응? 그렇게 자주 준다고?"

며칠 뒤, 쪼꼬는 게임을 켜고 깜짝 놀랐어.
애벌레 주변에 곰팡이가 잔뜩 슬어 있었거든.
"으악, 애벌레가 죽어 버렸잖아!"

제가 도와드릴게요.
먼저 탁주 님의 토맛토마토부터 보죠.

탁주 님은 물을 너무 많이 줘서
방울토마토가 썩어 버렸네요.
물 주는 횟수를 줄여 보세요.

하마도 아니고
물을 많이도 줬네.

쪼꼬 님의 얼레벌레는 똥을 제때
치우지 않아서 문제가 생겼군요.

애벌레의 똥은 묽어서
곰팡이가 생기기 쉬워요.
똥을 치워서 주변을 항상
깨끗하게 유지해 주세요.

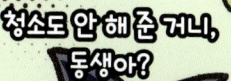

청소도 안 해 준 거니,
동생아?

쪼꼬는 곤충 카페에 가입해서 나비에 대한 정보를 찾아보았어.

**Q&A 게시판**

나비 애벌레 잘 키우는 법 알려 주세요! 내공 100 겁니다.

등록

익명1

벌 같은 곤충이나 새가 애벌레를 잡아먹는 일을 막기 위해 사육 망을 설치하면 좋아요. 답변 채택 부탁드립니다.

오! 집이 필요하구나!

사육 망

사육 망은 알과 애벌레를 외부 위험으로부터 보호해요.

# 생물이 태어나고 죽기까지

나의 얼레벌레가 어떤 과정으로 태어나 자랐는지 알려 줄게. 배추흰나비는 알, 애벌레, 번데기 과정을 거쳐 어른벌레가 돼. 이렇게 동물이 태어나고 자라서 다시 알이나 새끼를 낳기까지의 과정을 동물의 한살이라고 하지.

## 배추흰나비의 한살이

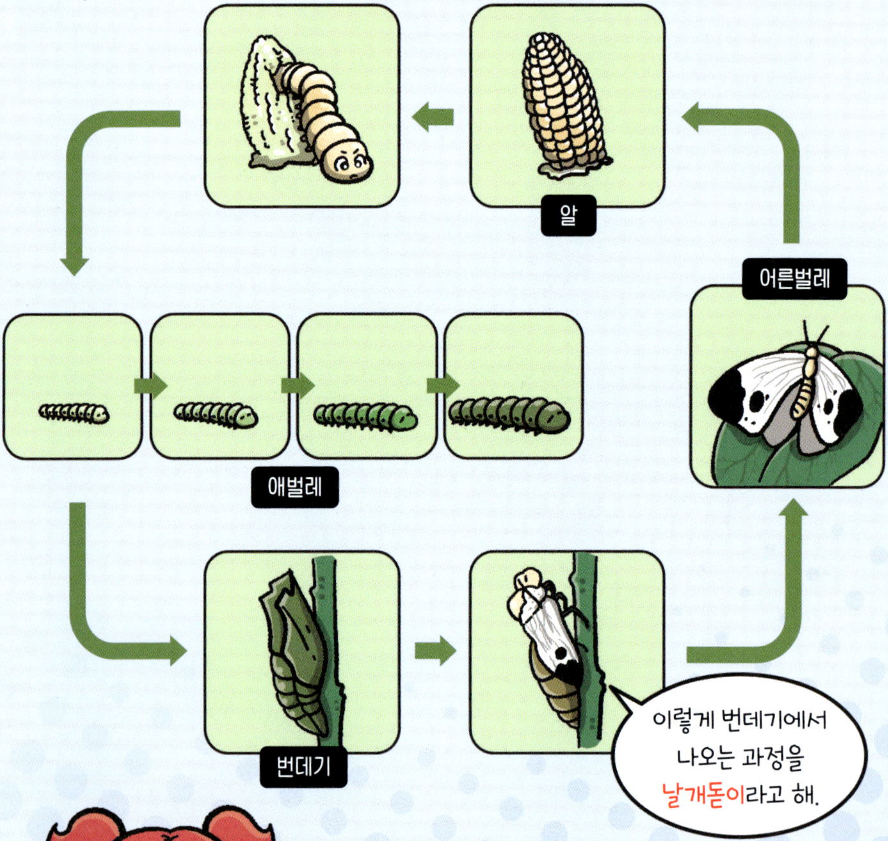

알 → 애벌레 → 번데기 → 어른벌레

이렇게 번데기에서 나오는 과정을 날개돋이라고 해.

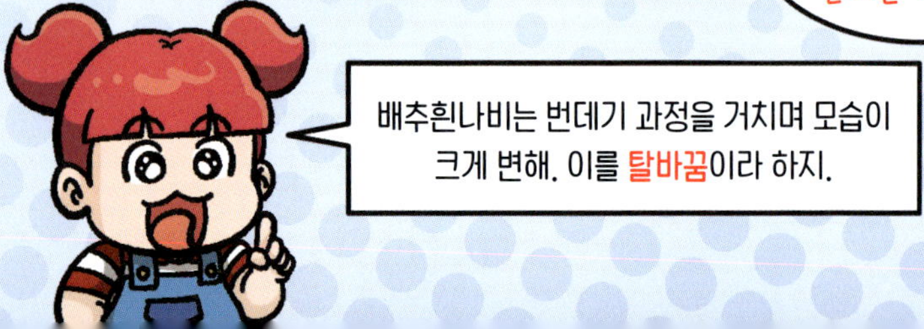

배추흰나비는 번데기 과정을 거치며 모습이 크게 변해. 이를 탈바꿈이라 하지.

나처럼 식물을 잘 키우려면 식물의 한살이를 잘 알아야 돼.
**식물의 한살이**는 식물의 씨가 싹 트고 자라서, 꽃이 피며 열매를 맺어 다시 씨를 만드는 과정을 말해. 강낭콩으로 식물의 한살이 과정을 알아보자.

### 강낭콩의 한살이

- 싹이 트고 자라
- 잎과 줄기가 자라
- 꽃이 펴
- 열매를 맺어
- 씨

꽃이 시든 자리에 열매가 생기는구나.

# 1등의 자리를 노리는 사람들

다음 날, 탁주와 쪼꼬의 핸드폰에 메시지가 도착했어.

"우아, 저는 하나 키우기도 어려웠는데 형은 많이 모았네요."

"이 정도는 뭐 소소한 편이지."

"어? 내가 좋아하는 고슴도치도 있어!"

으쓱 으쓱

칭찬을 듣고 기분이 좋아진 오덕후가 말을 덧붙였어.
"참, 그 게임의 선물은 열쇠고리야. 너희가 오늘 받은 택배도 열쇠고리일 거야."

"이게 내 컬렉션이야."

"우아~ 이게 다 몇 개예요? 형 멋져요!"

후훗.

좌라락~

"어… 안녕…."
쪼꼬의 인사에 방해인이 건성으로 답했어.
쪼꼬의 시선은 자연스럽게 방해인의 가방에 매달린 열쇠고리로 향했어.
탁주와 쪼꼬가 받은 열쇠고리와 같은 종류였거든.

우아, 에그머니 열쇠고리다!

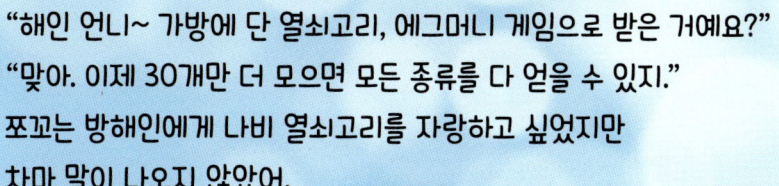

# 실험실 친구들을 소개합니다

## 삼각 플라스크

| 이름 | 삼각 플라스크 |
|---|---|
| 재질 | 유리 |
| MBTI | YBMD |

특성
- 튼튼함(T) ―― 약함(Y)
- 정확(J) ―― 부정확(B)
- 까칠함(K) ―― 무던함(M)
- 다양함(D) ―― 유일함(U)

안녕하세요! 자기 소개 부탁드립니다.

위에서 보면 동그랗지만

옆 라인은 아름답고 안정적인 삼각형! 액체 물질을 담는 삼각 플라스크입니다.

MBTI 유형이 비커 씨와 같군요. 비커 씨와 비슷하신가 봐요?

유형은 같아도 비커와는 엄연히 모양이 달라요! 전 입구를 고무마개로 막을 수 있거든요.

이렇게 가지가 달린 것도 있어 다양한 실험에 쓰이죠.

크기도 다양~

 비커 씨와 또 다른 점이 있나요?

저는 목이 좁고 긴 모델 체형… 아니, 좁은 목 때문에 액체가 바깥으로 잘 튀지 않는다는 장점이 있습니다. 여러 액체를 섞는 데에도 유용하죠.

부럽~

 그래서 무던함(M)에 해당하시는군요. 부정확(B)한 이유는 무엇인가요?

눈금이 있긴 하지만 부피를 대략적으로 파악하기 위한 용도일 뿐, 정확하지는 않습니다.

또 하나, 저의 삼각형 몸은 아름답지만 벽면 두께가 일정하지 않아 열이 골고루 퍼지지 않습니다. 물질을 가열할 때는 다른 친구를 사용해 주세요.

가열하실 거라면 대신 저, 둥근바닥 플라스크가 출동하겠습니다!

 마지막으로 주의할 점 알려 주시면 좋겠습니다.

자고로 아름다운 것은 소중히 다뤄야 하는 법. 물질을 넣거나 저어서 섞을 때는 가볍게, 유리가 깨지지 않도록 조심해 주세요!

| 여러해살이 식물 (perennial plant) | 많을 다 多 / 해 년 年 / 살 생 生<br>심을 식 植 / 물건 물 物 | 여러 해 동안 사는 식물<br>여러 해 동안 한살이를 사는 식물 |

개나리 나무, 사과나무처럼 여러 해 동안 살면서 한살이를 되풀이하는 식물을 여러해살이 식물이라고 해. 대부분의 나무 종류, 그리고 비비추, 민들레 같은 풀 종류도 여러해살이 식물에 속해.

〈여러해살이 식물〉

제비꽃 · 민들레 · 사과나무 · 무궁화 · 개나리

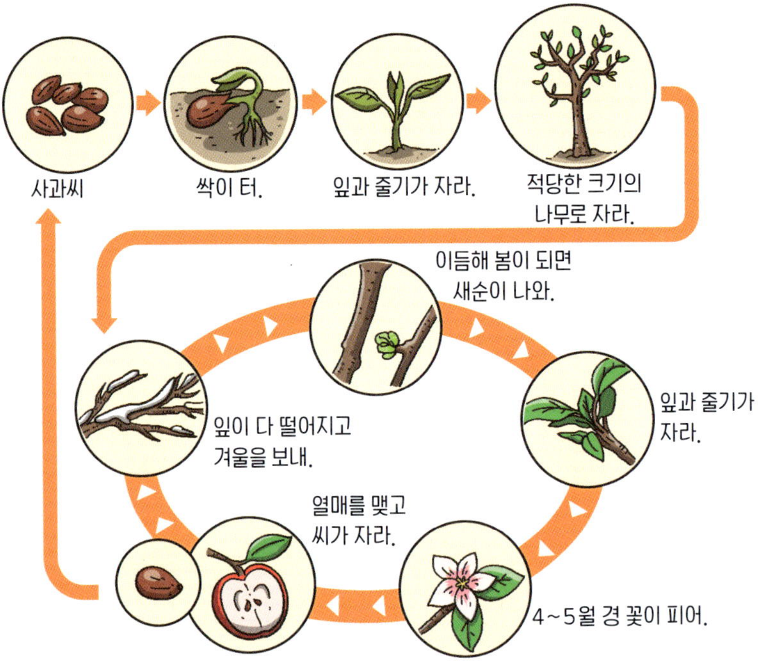

사과씨 → 싹이 터. → 잎과 줄기가 자라. → 적당한 크기의 나무로 자라.

이듬해 봄이 되면 새순이 나와.

잎과 줄기가 자라.

4~5월 경 꽃이 피어.

열매를 맺고 씨가 자라.

잎이 다 떨어지고 겨울을 보내.

70

| 한해살이 식물 (annual plant) | 하나 일 一 / 해 년 年 / 살 생 生<br>심을 식 植 / 물건 물 物 | 한 해 동안 사는 식물<br>한 해 만에 한살이가 끝나는 식물 |

방울토마토나 강낭콩처럼 한 해만 살고 한살이를 마치는 식물을 **한해살이 식물**이라고 해. 대부분의 풀 종류가 여기에 속해.

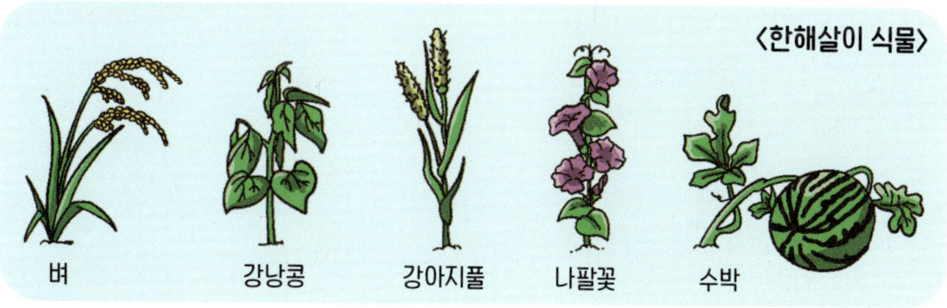

〈한해살이 식물〉

벼 / 강낭콩 / 강아지풀 / 나팔꽃 / 수박

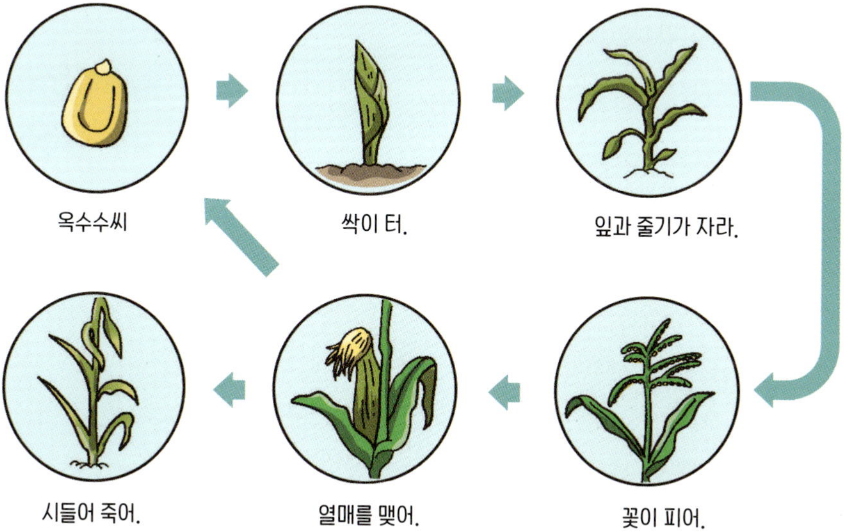

옥수수씨 → 싹이 터. → 잎과 줄기가 자라. → 꽃이 피어. ← 열매를 맺어. ← 시들어 죽어.

에그머니 게임에서 퀴즈를 맞힌 사람에게 특별 한정판 열쇠고리를 준대. 다음 게임기들 속 숨은 단어는 무엇일까?

정답 168쪽

내가 키웠던 배추흰나비잖아? 우리 얼레벌레의 성장 앨범 같은 건가?

그럼 얼레벌레의 성장 순서대로 나열해 볼까?

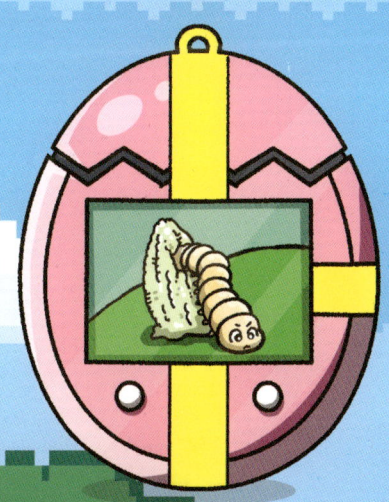

Step 2

# 동물과 식물의 생존 비법으로 미션 해결!

"그런데 이 게임 품절되었는데 어떻게 구하셨어요?"
아리가 고개를 갸우뚱했어.

"그런데 그 부근에서 표범도 봤던 것 같아."

"설마... 표범한테 당한 건 아니겠지?"

속닥 속닥

"뭐... 뭐라고?"

말과 소는 탁주와 쪼꼬가 수군대는 말을 듣고 깜짝 놀라서 눈이 휘둥그레졌어.

말이 다급한 목소리로 외쳤어.
"얘들아! 얼른 우리 등에 올라 타! 우릴 그곳으로 안내해 줘."

"쪼꼬야, 같이 가!"

다그닥 다그닥

"여기서 제일 빨리 가고 싶은 게 나야!"

"좀 더 빨리 갈 수 없어?"

쪼꼬는 말을, 탁주는 소를 타고 아기 동물들을 찾으러 떠났어.

땅강아지가 말을 마치자 다음 미션 창이 나타났어.

"역시 내 예상이 맞았네. 얼른 땅강아지를 타고 가시덤불 숲을 건너자고!"

**미션**
가시덤불 숲을 건너라!

**보상**
???

파앗 네가 있어 든든하다, 동생아.

땅강아지가 땅에 배를 대고 다리를 흔들었어.
그 모습이 마치 등에 올라타라고 말하는 듯했지.
쪼꼬는 훌쩍 땅강아지의 등에 올라타 탁주를 끌어 올렸어.
"자, 출발!"

가 보자고!

"오늘 몇 번째 탑승인 건지…. 살살~ 부탁해."

땅강아지는 날카로운 발톱으로 흙을 파헤치며 땅속으로 들어갔어.

MISSION CLEAR
미션
가시덤불 숲을 건너라!
보상
500 코인
탁주와 쪼꼬 앞에 미션의 성공을 알리는 메시지가 떴어. 이번에도 미션에 성공한 탁주와 쪼꼬는 기쁨에 겨워 소리를 질렀지.
보상으로 코인이 쏟아져!
우아!
다음 스테이지로 이동
YES
NO
초원
스테이지 1
스테이지 3-2
스테이지 3-1
호수
스테이지 2
스테이지 2가 열렸어!
당연히 고고!

탁주의 몸은 부레옥잠처럼 크게 부풀어서 물에 둥둥 뜰 수 있게 되었어.

우아, 내 몸이 뜬다, 떠! 너무 신기해!

푸하하, 오빠 꼭 풍선 같아.

둥둥

깔깔

둥둥

놀리지만 말고 너도 얼른 먹어.

"이걸 먹으면 물에 뜰 수 있다는 거지?"
쪼꼬도 개구리가 준 알약을 꿀꺽 삼켰어.

알았어! 잔소리는 그만~

우아, 나도 물에 떠! 신난다!

그렇게 놀기만 해서 어느 세월에 코인을 모아?

둥둥

둥둥

탁주와 쪼꼬의 코가 원래 모습으로 돌아오고 미션 완료 메시지가 떴어.

아리의 말에 탁주와 쪼꼬는 충격에 빠졌어.

"우린 항상 함께할 거야!"

"우린 떨어질 수 없어!"

"마지막 스테이지는 개인전입니다. 먼저 탈출하면 이기는 거예요!"

개인전이라는 말에 탁주가 재빠르게 지도에서 사막을 골랐어.

"나도 추운 건 싫다고!"

"난 추운 건 딱 질색이야! 미안하지만 이번에는 양보해."

"오빠 맞냐?"

"그럼 탁주 님은 사막, 쪼꼬 님은 극지방으로 갑니다."

"난 다판다 상인이오.
뭐 찾는 거 있슈?"

"안녕하세요."

'사막은 매우 건조하고 더운 곳이니까 물이 필요할 거야.'
탁주는 잠시 고민하다가 말을 꺼냈어.

"혹시 물 있나요?"

"저런, 물은 없고
대신 시원한
민소매 옷이 있슈."

"그럼 그거라도
주세요~"

낙타가 저벅저벅 걸어가더니 가시가 잔뜩 난 선인장을 뜯어 먹기 시작했어.

저 뾰족한 가시를 삼키다니!

우걱 우걱

나의 크고 단단한 이빨과 두꺼운 입술이 안 보이니? 선인장 정도는 껌이라고.

"선인장은 줄기 속에 물을 저장해. 이건 그 엄청난 능력이 담긴 약이야." 낙타가 알약을 뱉어 내며 말했어.

자, 코인 100개 쥐.

메롱

가시가 있는 알약을 어떻게 먹어?

코인이 얼마 남지 않았지만 할 수 없지.

자본주의 동물들….

코인만 준다면 어디든지 오케이!

얼마나 걸었을까. 저 멀리 무언가 아른거렸어.

혹시 신기루?

노노~ 오아시스일 거야.

"드디어 탈출이다!"
탁주가 문을 힘껏 열어 젖혔어.

낙타야, 고마워.
다 네 덕분이야.

알면 됐어!

역시 난 대단해.

초원
스테이지 1

극치방
스테이지 3-2

사막 탈출
성공!

사막
스테이지 3-1

호수
스테이지 2

쪼꼬는 너무 추워 이를 딱딱 부딪치는 소리를 내며 떨었어.
"이상하다. 분명히 보온성이 최고라고 했는데, 여전히 춥네."

미션
산타를 찾아라!
보상
???

HP

휘잉
덜덜
휘잉

그때 순록 한 마리가 나타났어.
"그런 얇은 코트로는 여기서 견디기 어려워!"

이거 500 코인이나 주고 산 거야.

그건 원래 10 코인인데, 이상하군.

극지방의 추위에도 끄떡없는 이중 털

넌 정말 따뜻해 보인다.

눈에 빠지지 않는 넓적한 발

덜덜

147

# 실험실 친구들을 소개합니다

## 핫플레이트

| 이 름 | 핫플레이트 |
|---|---|
| 재 질 | 세라믹, 자석 |
| MBTI | TJMD |

특 성
- 튼튼함(T) ━━━━━ 약함(Y)
- 정확(J) ━━━━━ 부정확(B)
- 까칠함(K) ━━━━━ 무던함(M)
- 다양함(D) ━━━━━ 유일함(U)

 안녕하세요! 자기 소개해 주세요.

저는 이름부터 뜨거운 핫핫, 핫! 플레이트입니다.
불꽃이 없어도 뜨거운 열정의 플레이트!
플레이트(편평한 판) 위에 비커를 올려
물질을 가열할 때 사용하세요.

앗 뜨, 앗 뜨!

 정확(J)에 해당하시는군요?

맞습니다.
정확히 원하는 온도까지
가열해 드립니다.
뜨거우면서도 섬세하죠.

1도 올려, 2도 내려,
3도 내리지 말고
2도 올려!

162

 물질을 가열하는 원리가 무엇인가요?

알코올 램프는 알코올을 태워서 불을 만들죠. 불쌍한 알코올 친구…. 저는 전기만 있으면 어디서든 뜨거워질 준비가 되어 있습니다.

전기 에너지를 열에너지로 바꾸어 판을 데우면 비커 속 물질로 열이 전달됩니다.

 직접 연소하지 않는다면 안전하겠군요.

그렇습니다. 과열을 막는 장치가 들어 있어서 화재 위험이 적은 편이죠. 그렇지만 전기를 차단해도 열이 남아 있을 수 있으니 조심해야 해요.

 마지막으로 주의할 점 알려 주시면 좋겠습니다.

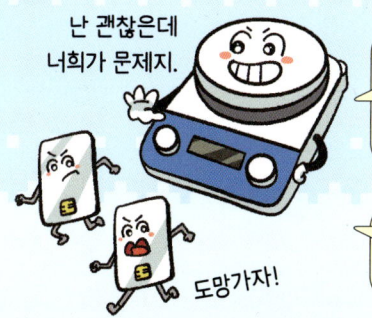

저는 자석으로 작동하기 때문에 주변에 신용 카드, 교통 카드, 전자시계 같은 물체를 가까이 두지 않는 것이 좋습니다.

카드의 정보가 손상되거나 시계가 멈출 수도 있거든요!

## 세계에서 가장 위험한 동물은?

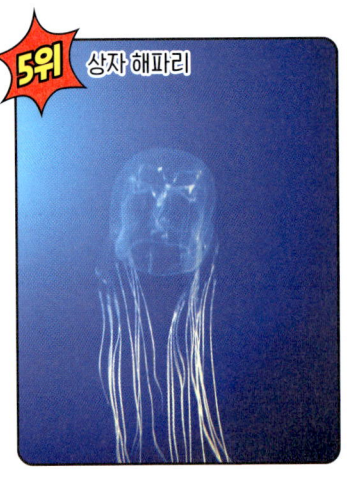

**5위 상자 해파리**

먼저 5위는 상자 해파리! 상자 해파리는 바다의 말벌이라고 불릴 정도로 강한 독을 가졌어. 상자 해파리에게 쏘이면 화상을 입은 것 같은 상처가 생기고 호흡 곤란을 겪다가 심장이 멈춰 죽을 수도 있어. 신기하게 생겼다고 다가가서 만지면 절대 안 돼.

4위는 인도 코브라! 인도 코브라는 맹독을 가진 뱀으로 유명해. 인도 코브라에 물리면 독 때문에 근육이 마비되어 숨을 쉬지 못하다가 죽을 수 있어.

인도 코브라 **4위**

피리를 불면 흥이 나서 춤추느라 공격을 못 하겠지?

나는 피리 소리를 듣지도 못 하는데? 이 춤은 화가 나서 추는 거라고!

**3위 데스스토커 전갈**

3위는 데스스토커 전갈! 죽음의 추적자라는 별명을 가진 데스스토커는 성인 남성도 쓰러뜨려 죽일 만큼 강력한 독을 가졌어. 데스스토커의 독은 한 방울에 약 14만 원이나 될 정도로 비싼 물질이기도 해.

2위는 예상 못 했을 거야. 바로 코끼리! 코끼리는 화가 나면 자동차도 부숴 버릴 정도로 어마어마한 파괴력을 발휘해. 특히 스트레스를 받으면 더욱 공격적으로 변해 사람을 짓밟거나 상아로 들이받아 위협하지. 이 때문에 해마다 수백 명이 코끼리로 인해 목숨을 잃기도 해.

코끼리 2위

게다가 코끼리는 시속 40 km로 빠르게 달릴 수도 있어.

1위 모기

대망의 1위는 모기! 의외라고? 모기는 명백하게 세계에서 가장 많은 사람을 죽인 동물이야. 모기가 위험한 이유는 사람의 피를 빨면서 말라리아, 뎅기열 같은 치명적인 질병을 퍼뜨리기 때문이지. 해마다 모기로 인해 죽는 사람의 수가 전 세계적으로 약 70만 명이나 돼.

더 무서운 사실은 기후 변화 때문에 더 많은 지역에서 모기가 번식할 수 있게 되고, 일부 모기는 살충제에도 내성이 생겼다는 거야. 우리나라 역시 말라리아, 뎅기열을 일으킬 수 있는 모기의 수가 늘어나고 있으니 우리 친구들도 조심해야 돼!

모기와의 전쟁을 선포한다!

**탁주의 방 탈출**

정답 169쪽

여기는 서바이벌 게임의 보너스 스테이지야. 사라진 동물을 찾아서 각자 사는 곳에 맞게 스티커를 붙이고 마지막 미션인 숫자 5개를 써 보자.

# 정답 : 한살이

## 해설

게임기의 화면 바깥쪽에 한글 자음과 모음이 크게 써져 있어. 배추흰나비의 한살이 순서에 맞게 게임기를 나열하고 글자를 읽으면 '한살이'가 나와.

**정답 : 88629**

### 해설

초원에는 말과 표범을 붙이고 두 숫자를 더해. 3+5=**8**

땅속에는 두더지와 땅강아지를 붙이고 두 숫자를 곱해. 2X4=**8**

극지방에는 북극곰과 순록을 붙이고 두 숫자를 빼. 7-1=**6**

사막에는 사막여우와 낙타를 붙이고 두 숫자를 나눠. 6÷3=**2**

호수에는 개구리와 왜가리를 붙이고 두 숫자를 더해. 1+8=**9**

**귀여운 몬스터와 함께 초등 과학 완전 정복!**

# 하루 한 꼭지 초등 과학

❶ 생명과학 · ❷ 지구과학 · ❸ 화학 · ❹ 물리학

글 이현진·한장미·송은경·서지은·김지현 | 그림 임혜영 | 감수 안민기·박은서(서울과학고 교사)
❶권 196쪽 | ❷권 200쪽 | ❸권 196쪽 | ❹권 200쪽 | 각 권 15,000원

# 신문을 읽으면 똑똑해진다는데, 아이가 거들떠보지도 않아 걱정이라면?

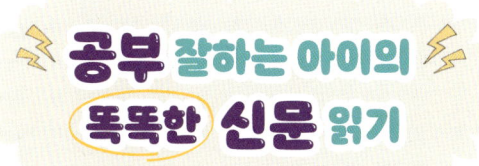

## 공부 잘하는 아이의 똑똑한 신문 읽기

홈스쿨링, 수업에서 활용할 수 있도록 다양한 문제로 구성했어요. 문제를 풀면서 독해력을 단단히 다져요!

책을 구매하신 모든 분들께 60쪽 분량의 워크북 제공!

## "아들이 도망가지 않고 좋아했던 신문은 처음입니다."

〈국어 잘하는 아이가 이깁니다〉 서울대 나민애 교수 강력 추천!

★ 과학·사회·경제·세계 등 **최신 뉴스** 수록
★ **아이들의 눈높이에 맞춰** 기사를 읽기 쉽게 재구성
★ **4단계 독해 트레이닝**으로 문해력이 쑥쑥 향상
★ **어휘력과 논술력**을 키우는 다양한 코너 구성

## 탁주쪼꼬의 과학 레벨 업 ❷ 동물과 식물

1판 1쇄 인쇄 | 2025. 05. 22.
1판 1쇄 발행 | 2025. 06. 20.

**원작** 탁주쪼꼬 | **글** 서후 | **그림** 임혜영
**감수** 김희목, 샌드박스네트워크

**발행처** 김영사 | **발행인** 박강휘
**편집** 이현진 송은경 장예진 문준필 | **디자인** 김민혜 | **마케팅** 서영호 | **홍보** 조은우 육소연
**등록번호** 제 406-2003-036호 | **등록일자** 1979. 5. 17. | **주소** 경기도 파주시 문발로 197(우10881)
**전화** 마케팅부 031-955-3100 | 편집본부 031-955-3223 | 팩스 031-955-3111

© SANDBOX NETWORK Inc. All Rights Reserved.
© 탁주쪼꼬. All Rights Reserved.

본 제품은 ㈜샌드박스네트워크와의 정식 라이선스 계약에 의해 ㈜김영사에서 제작,
판매하므로 무단 복제 및 전재를 금합니다.

값은 표지에 있습니다.
ISBN 979-11-7332-229-7  77400
ISBN 979-11-7332-074-3 (세트)

좋은 독자가 좋은 책을 만듭니다. 김영사는 독자 여러분의 의견에 항상 귀 기울이고 있습니다.
전자우편 book@gimmyoung.com | 홈페이지 www.gimmyoung.com